DE NOVATO A EJECUTIVO: EL CAMINO HACIA UNA CARRERA LABORAL EXITOSA

CONTENIDO

Introducción
Presentación del autor y su experiencia en el mundo laboral
Parte I: Comenzando en el Mundo Laboral
   Capítulo 1: Inicio en la organización
     El poder de la primera impresión
     Conoce la cultura empresarial
   Capítulo 2: Desarrollo de habilidades técnicas
     Formación continua
     Renovación de conocimientos
Parte II: Relaciones Interpersonales
   Capítulo 3: Conectando con la comunicación
     Comunicación efectiva
     Construir relaciones sólidas en el lugar de trabajo
   Capítulo 4: Relación con superiores
     Estrategias para ganar la confianza de superiores
     Profesionalismo y ética como subordinado
Parte III: Avanzando en la escalera corporativa
   Capítulo 5: Pedir ascensos y promociones
     No pidas ascensos o promociones
     Identifica oportunidades
     Da a conocer tus preparaciones
   Capítulo 6: Convertirse en un líder
     No desaproveches las oportunidades
     Desarrollo de habilidades de liderazgo
     Cómo liderar equipos de manera efectiva
Parte IV: Consejo final para el éxito profesional
   Capítulo 7: Desarrollo de la inteligencia emocional
     Definición de inteligencia emocional
     Importancia de la autorregulación emocional
     Cómo manejar el estrés y la presión laboral
     Desarrollo de la resiliencia emocional
Conclusión

INTRODUCCIÓN

Desde que cada uno de nosotros comienza su vida laboral, nos enfrentamos a un mundo lleno de exigencias y desafíos que pueden parecer abrumadores. Navegar este entorno con éxito requiere estrategias y herramientas específicas, y aquí, en estas páginas, compartiré las que me han ayudado a lo largo de mi carrera para que tú también puedas aplicarlas. Este libro te proporcionará un conjunto de recursos, ya sea que estés buscando tu primer empleo, buscando mejorar tu rendimiento o subir en la escalera organizativa.

El objetivo de este libro es empoderarte, no solo con consejos prácticos, sino también con las herramientas mentales y emocionales que necesitas para prosperar en un entorno laboral que cambia constantemente. Exploraremos cómo hacer una primera impresión memorable, cómo construir relaciones sólidas y cómo adaptarte a la cultura organizacional, sin importar el tipo de empresa o los colegas con los que trabajes.

Además, subrayaré la importancia de la formación continua y de cómo mantenerte al día en tu campo de especialización. Profundizaremos en la relevancia de las relaciones interpersonales y cómo éstas son fundamentales para cualquier carrera exitosa. También aprenderás a perfeccionar tus habilidades de comunicación y a superar el miedo al fracaso, una barrera que todos enfrentamos en algún momento.

A medida que avances en la lectura, descubrirás estrategias sólidas para solicitar ascensos, convertirte en un líder efectivo, y gestionar equipos con éxito. Pero no solo te enfocaremos en las habilidades prácticas; también hablaremos de la inteligencia emocional y la resiliencia, factores críticos para manejar el estrés, superar obstáculos y continuar creciendo en tu carrera.

Este libro no solo te proporcionará herramientas profesionales, sino que también te ayudará a desarrollar la confianza para enfrentar los desafíos y convertirte en un líder auténtico. Mi objetivo es brindarte una guía que no solo cubra los aspectos técnicos, sino también las habilidades humanas que te llevarán al éxito a largo plazo.

Prepárate para absorber conocimientos, desarrollar habilidades y enfrentar los desafíos del mundo laboral con confianza y determinación. Este es el comienzo de una nueva etapa en tu vida profesional. ¡Comencemos este viaje hacia el éxito juntos!

PRESENTACIÓN DEL AUTOR Y SU EXPERIENCIA EN EL MUNDO LABORAL

El autor de este libro, al escribir estas palabras, trabajaba en un entorno corporativo de mando medio en una compañía prestigiosa y muy deseada por muchos. Es un padre de familia y esposo que busca un mejor futuro para su familia y un legado para su hijo. Con una carrera en el ámbito financiero, se mueve entre el mundo corporativo, combinando visión e idealismo, y ha navegado con valentía y determinación en un mundo laboral a veces incierto.

A lo largo de más de 20 años de carrera, el autor ha atravesado éxitos, errores y desafíos, incluyendo momentos de timidez y debilidades en algunos conocimientos estratégicos. Sin embargo, ha ascendido desde el nivel más bajo hasta posiciones de mando medio. Su viaje laboral comenzó a inicios de los años 2000, cuando era un joven con sueños de prosperidad y una fuerte determinación por alcanzar el éxito. Con el tiempo, ha desarrollado una caja de herramientas llena de estrategias y consejos prácticos que le han permitido no solo sobrevivir en el competitivo mundo laboral, sino prosperar en él.

Combinando habilidades técnicas con un manejo efectivo de su inteligencia emocional, el autor ha superado obstáculos y comprendido las dinámicas organizacionales a un nivel profundo. Ha ascendido en la escalera corporativa y ha visto los frutos de su trabajo y dedicación.

Hoy, el autor comparte sus conocimientos y experiencias en este libro con el propósito de empoderar a jóvenes profesionales y a aquellos que desean avanzar en sus carreras. Su objetivo es brindarles las herramientas necesarias para triunfar en el competitivo mundo corporativo y alcanzar sus metas profesionales con éxito.

Es hora de que escribas tu propia historia en el mundo laboral, aprovechando las lecciones e inspiración que este libro tiene para ofrecerte.

PARTE I: COMENZANDO EN EL MUNDO LABORAL

Capítulo 1: Inicio en la organización

El poder de la primera impresión

En la etapa escolar, muchos disfrutábamos el olor de los libros y cuadernos nuevos, sin haber escrito aún en ellos. Aunque hoy en día esta experiencia ha cambiado con la era digital, el primer día en una empresa sigue siendo algo similar: emocionante, lleno de expectativas y el inicio de una nueva historia profesional. Ese primer día, ya sea el comienzo de una larga o breve etapa en la organización, es un momento que siempre queda grabado en la memoria. La primera impresión que causes será crucial, ya que tendrá un impacto duradero en cómo te perciben tus colegas, jefes y otros colaboradores. Esta es una oportunidad única para destacar y establecer una base sólida para tu futuro en la empresa. ¿Qué debes tener en cuenta para causar una buena primera impresión desde el momento en que pones un pie en la empresa?

I. Vestimenta: La vestimenta siempre ha sido una herramienta poderosa para causar una buena impresión. A lo largo de la historia, figuras públicas como las primeras damas han utilizado su estilo para transmitir elegancia, confianza e inclusión, adaptándose a cada situación. De la misma manera, en el entorno laboral, la forma en que te presentas visualmente influye en la percepción que los demás tienen de ti.

La imagen que proyectas es fundamental para causar una buena primera impresión como profesional. Antes de tu primer día, investiga la política de vestimenta de la empresa, consultando a alguien de Recursos Humanos. Si te asignan un uniforme, no tendrás mayores preocupaciones. En caso contrario, selecciona cuidadosamente tu atuendo con anticipación, asegurándote de que esté alineado con el ambiente laboral en el que te vas a desenvolver.

Por ejemplo, si trabajarás en una oficina que requiere vestimenta formal, puedes buscar combinaciones de atuendos apropiados en línea. Si es posible, adquiere la ropa con anticipación y asegúrate de que esté en buenas condiciones y lista para su uso. Es mejor ir un poco más formal de lo necesario que arriesgarte a dar una imagen descuidada.

Recuerdo que, en una ocasión, ante la incertidumbre sobre la política de vestimenta en mi nuevo empleo, decidí optar por un traje formal. Al llegar, noté que era más formal de lo necesario, pero esto contribuyó a causar una impresión inicial positiva.

II. Puntualidad: Hace algún tiempo leí sobre un alto ejecutivo japonés de una reconocida compañía automotriz que, durante una importante reunión de negocios, llegó varios minutos antes de la hora acordada. A pesar de su alta posición, esperó pacientemente a que todos los participantes estuvieran presentes antes de comenzar. Este gesto demostró un profundo respeto por el tiempo de los demás y estableció un claro estándar de puntualidad y profesionalismo. De esta experiencia se concluye que ser puntual no significa llegar muy temprano ni tarde, sino exactamente a la hora acordada.

La puntualidad es crucial, tanto en la primera impresión como en tu desempeño laboral a largo plazo. Llegar a tiempo no solo muestra respeto por los demás, sino que también establece un estándar de profesionalismo que puede influir positivamente en la percepción de tus colegas. Para tu primer día de trabajo, llegar unos minutos antes demuestra compromiso y seriedad. Planifica bien tu tiempo, calcula la duración de tu trayecto y asegúrate de estar listo para comenzar puntualmente. Esto indicará que valoras tu nueva posición y te tomas en serio tus responsabilidades.

III. Actitud positiva y entusiasmo: Imagina a Pedro, quien consiguió un nuevo trabajo en una empresa mediana del sector tecnológico. Desde su primer día, mostró una actitud desinteresada: llegó tarde, sin entusiasmo y con poca energía. Se quejaba constantemente de las tareas que le asignaban y no mostraba interés en aprender o colaborar con sus compañeros. Su actitud no solo afectó su propio desempeño, sino que creó un ambiente tenso en la oficina. Con el tiempo, Pedro fue quedándose atrás en la estructura organizativa, y su bajo rendimiento fue notado por la dirección, lo que finalmente llevó a su despido. Esta fue una lección dura.

Para evitar una situación como la de Pedro, es importante comenzar tu primer día de trabajo con entusiasmo y una actitud positiva. Muestra gratitud por la oportunidad y llega con energía. Saluda a tus nuevos compañeros con una sonrisa, preséntate de manera cordial y demuestra interés en aprender y colaborar. La energía positiva es contagiosa y te ayudará a construir relaciones valiosas desde el primer momento.

IV. Escucha y aprende: La capacidad de aprender es una habilidad que debes cultivar desde tu primer día hasta el último, ya que el ser humano nunca deja de aprender. El día que pienses que ya lo sabes todo, habrás caído en el error, porque tu ego estará limitando tu capacidad de seguir creciendo y mejorando. Recuerdo haber escuchado a un empresario decir: "Soy tan bueno que ya no necesito aprender más". Aunque era exitoso en muchos aspectos, su falta de humildad y disposición para recibir sugerencias afectó su capacidad de crecer. La lección es clara: siempre hay algo nuevo por aprender.

Desde tu primer día, estarás expuesto a mucha información nueva. Escucha atentamente durante las inducciones, presentaciones y reuniones. Toma en serio cada palabra, haz preguntas relevantes y demuestra un deseo genuino de aprender. Esto reflejará tu compromiso por comprender la cultura de la empresa y sus procesos, y te ayudará a integrarte de manera efectiva.

V. Presentación profesional: Antes de tu primer día de trabajo, elabora una breve presentación sobre ti mismo. Esta presentación, que puedes usar en reuniones futuras, será como una tarjeta de presentación verbal en la que incluyas tus antecedentes, habilidades y objetivos profesionales. Practica esta presentación y escúchala con atención, poniéndote en el lugar de quien te va a escuchar. Ser capaz de expresar quién eres y lo que puedes aportar de manera clara y concisa es una habilidad valiosa en cualquier entorno laboral.

VI. Mostrar gratitud: En el episodio de un programa llamado "Jefe Encubierto", un jefe se infiltró como un empleado novato en una sucursal de Fridays. Durante esta experiencia, pudo apreciar la energía, calidez y empatía de la gerente del bar mientras lo capacitaba. Este acercamiento le permitió descubrir aspectos de la organización que no habría conocido desde su posición directiva.

Mostrar gratitud es fundamental desde tu primer día de trabajo, sin importar el nivel jerárquico de la persona que te ayude. Un simple gesto de agradecimiento refleja respeto y aprecio, y te abrirá muchas puertas. Además, mantener una actitud de gratitud y energía positiva no solo beneficiará tu propio crecimiento, sino que también contribuirá a un mejor ambiente laboral para tus colegas.

Recuerda, estas lecciones son especialmente importantes en tu primer día de trabajo, pero son solo el comienzo de tu trayectoria. Mantén siempre presentes estos consejos, ya que los resultados se verán a lo largo del tiempo. Ten claro tu objetivo: avanzar en tu carrera de manera efectiva. Aplica estos principios para dejar una impresión positiva y construir relaciones sólidas en tu entorno laboral. Con dedicación y determinación, estarás cada vez más cerca de alcanzar tus metas profesionales.

Conoce la cultura empresarial

En una ocasión, una ejecutiva brillante y altamente capacitada, que había trabajado en una empresa pionera en tecnología de búsquedas por internet, asumió un nuevo reto como Directora Ejecutiva en otra gran corporación tecnológica que luchaba por mantener su relevancia en el mercado. Sin embargo, uno de sus errores más significativos fue no comprender ni adaptarse a la cultura corporativa de su nueva empresa.

Esta compañía había sido conocida históricamente por su cultura relajada, donde se valoraba la flexibilidad y el trabajo remoto. Al intentar cambiar esa cultura, exigiendo que los empleados volvieran a trabajar en la oficina, provocó resistencia. Muchos colaboradores, acostumbrados a la flexibilidad, se sintieron frustrados, lo que generó una disminución en la moral y una fuga de talento hacia otras empresas. Este cambio de cultura aceleró el declive de la compañía, ya que no logró cumplir con los objetivos previstos.

Este ejemplo ilustra la importancia de comprender y respetar la cultura organizativa cuando ingresas a una nueva empresa. Adaptarte a la cultura existente es clave para integrarte exitosamente y evitar errores que puedan afectar tanto tu carrera como el desempeño de la empresa.

Una vez que hayas pasado varios años en la compañía y comprendas profundamente su cultura y funcionamiento, estarás en una posición mucho más sólida para proponer cambios que puedan mejorar la eficiencia y generar más beneficios para los accionistas. Con el tiempo, tu conocimiento de la empresa te permitirá identificar áreas que podrían beneficiarse de mejoras o innovaciones. Es importante abordar estos cambios de manera gradual y consultada, involucrando a los líderes clave para asegurar que las transformaciones se implementen de manera armoniosa y sin generar resistencia. Proponer mejoras con sensibilidad hacia la cultura existente no solo fortalecerá tu posición en la empresa, sino que también te permitirá aportar un valor significativo a largo plazo.

Capítulo 2: Desarrollo de

habilidades técnicas
Formación continua

La capacitación constante, la actualización de conocimientos y las técnicas para mejorar la eficiencia en las actividades que realizas son las herramientas clave que impulsarán tu camino en el competitivo mundo laboral. Imagina tu profesión como un vehículo que debe atravesar un largo trayecto; la formación continua es el combustible que mantendrá ese motor funcionando y te permitirá avanzar hacia tus metas. En esta sección, explorarás la importancia de la formación continua como una herramienta fundamental para tu crecimiento profesional y cómo puedes sacarle el máximo provecho.

Ahora, imagina que estás en medio de un bosque, sin un mapa ni una brújula que te orienten. ¿Cómo sabrías hacia dónde dirigirte? La formación continua es esa brújula en tu carrera profesional. Te proporciona la dirección necesaria para avanzar y alcanzar tus objetivos. En un mundo laboral en constante evolución, con actualizaciones tecnológicas y automatización avanzando rápidamente, estar al día es esencial para mantenerte competitivo. Ya sea en tu campo de especialización o en cualquier otra área, este principio se aplica de manera universal.

Un desarrollador de software que se graduó hace diez años como experto en un lenguaje de programación específico se enfrenta hoy a un panorama tecnológico completamente diferente. La Inteligencia Artificial (IA)[1] ha ingresado en el campo del desarrollo de software, ofreciendo capacidades avanzadas de automatización, aprendizaje automático y procesamiento de datos que están revolucionando la creación de aplicaciones y sistemas. Un ejemplo de IA es ChatGPT, que puede generar texto y respuestas humanas de manera contextual, transformando la interacción con los usuarios en diferentes contextos y aplicaciones.

Si este desarrollador no invierte en formación continua para mantenerse actualizado con estas tecnologías emergentes, su carrera corre el riesgo de estancarse. Podría perderse la oportunidad de participar en proyectos innovadores que utilizan IA para mejorar la eficiencia y la inteligencia de las aplicaciones. Además de ChatGPT, existen otras herramientas y tecnologías de IA, como modelos avanzados de procesamiento de lenguaje natural y videos generativos, que están redefiniendo el desarrollo de software.

Un médico general que ha estado practicando durante varios años puede haber tratado una amplia variedad de enfermedades y condiciones. Sin embargo, la medicina, al igual que muchas otras disciplinas, avanza constantemente. Nuevos procedimientos, terapias y tecnologías médicas mejoran la atención al paciente y los resultados. Si el médico no continúa actualizándose a través de la educación continua, corre el riesgo de que sus pacientes no se beneficien de los últimos avances y tratamientos más efectivos. Mantenerse informado sobre las investigaciones y tecnologías médicas más recientes no solo garantiza una atención de mayor calidad, sino que también ofrece a los pacientes opciones más avanzadas y eficaces de tratamiento.

La formación continua no solo te permite adaptarte a los cambios, sino que también te hace destacar entre tus colegas. Los empleadores valoran a los profesionales que muestran disposición para aprender y mejorar constantemente. Cuando inviertes en tu propio desarrollo y adquieres nuevas habilidades, te conviertes en un activo invaluable para la organización.

La formación continua no se limita a tomar cursos ocasionales o asistir a seminarios. Es un ciclo de aprendizaje constante que implica estar abierto a nuevas ideas, desafiarte a ti mismo y buscar continuamente oportunidades de crecimiento.

En tu día a día, siempre habrá oportunidades de mejora en alguna actividad. Si no las encuentras, preocúpate, porque siempre existen, aunque no siempre sean obvias. Debes establecer una meta clara o identificar una necesidad específica para encontrar el nicho de capacitación adecuado. Tal vez necesites adquirir una habilidad particular, y para ello, es importante enfocar tus esfuerzos de manera efectiva.

Una vez que definas tus áreas de mejora, busca fuentes de aprendizaje. Estas pueden incluir libros, asistencia a conferencias, seguimiento de blogs, participación en cursos, interacción con mentores o colegas, y la exploración de recursos en línea. Internet es una herramienta poderosa para capacitarte en áreas específicas, incluso sin necesidad de pagar. Con una búsqueda cuidadosa y paciente, podrás encontrar la forma de actualizarte. La clave está en diversificar tus fuentes de conocimiento.

Renovación de conocimientos

Imagina que un contador o administrador financiero decide dar un paso audaz en su carrera y se embarca en un proceso constante de aprendizaje. Adquiere nuevas habilidades en programación, como Python o R, domina bases de datos como SQL, y llega a comprender sistemas complejos. Gracias a esta formación, ahora es capaz de extraer datos valiosos de su sistema ERP, identificar patrones ocultos en las finanzas de la empresa y desarrollar modelos predictivos que optimizan los flujos de efectivo.

Esta transformación no solo incrementa su valor dentro de la organización, sino que también lo convierte en un agente de cambio. Actualmente, términos como "Científico de Datos" o "Data Scientist" son cada vez más comunes, aunque hace apenas una década estas especializaciones eran prácticamente desconocidas. Con este conjunto diverso de habilidades, es posible tomar decisiones más informadas y estratégicas, reducir costos y aumentar los ingresos de manera significativa.

Después de la epidemia mundial de Covid-19[2], el sector tecnológico creció considerablemente debido a la necesidad de trabajar desde casa y al incremento en el uso de herramientas tecnológicas como Microsoft Teams, entre otras. Para un contador o financiero, que tradicionalmente ha trabajado con números, informes y análisis financieros, su profesión está experimentando una transformación radical, impulsada por un entorno empresarial cada vez más orientado a los datos.

Antes, la ciencia de datos era un campo reservado principalmente para ingenieros en sistemas y expertos en estadísticas. Sin embargo, hoy en día los datos son uno de los activos más valiosos de cualquier empresa, y los contadores y financieros tienen una oportunidad única de liderar en su aprovechamiento.

En la era digital, las organizaciones dependen de sistemas de planificación de recursos empresariales (ERP) para gestionar sus operaciones financieras. Estos sistemas generan enormes cantidades de datos, que van desde transacciones comerciales hasta tendencias de gastos. Es aquí donde se vuelve esencial comprender la programación y las bases de datos para aprovechar al máximo esta información.

Imagina nuevamente a un contador o administrador financiero que decide seguir un camino continuo de aprendizaje, adquiriendo habilidades en programación como Python o R, dominando bases de datos como SQL y entendiendo sistemas complejos. Con estos conocimientos, puede comenzar a extraer datos valiosos de su sistema ERP, identificar patrones ocultos en las finanzas de la empresa y desarrollar modelos predictivos para optimizar los flujos de efectivo.

Este cambio no solo incrementa su valor para la organización, sino que también lo convierte en un agente de cambio. Hoy en día, términos como "Científico de Datos" son comunes, pero hace 25 años, estas especializaciones eran prácticamente desconocidas. Este conjunto de habilidades permite tomar decisiones más informadas y estratégicas, reducir costos y aumentar ingresos de manera significativa.

El contador o responsable financiero que ha adquirido habilidades en ciencia de datos se convierte en un recurso esencial para la organización. Su capacidad para traducir datos financieros en información empresarial valiosa lo coloca en una posición privilegiada para el éxito.

Este ejemplo muestra cómo la formación continua y la adquisición de nuevas habilidades, incluso en áreas tradicionalmente ajenas a la contabilidad o las finanzas, pueden impulsar tu carrera y permitirte liderar en un mundo empresarial cada vez más impulsado por los datos. En lugar de limitarte a las fronteras tradicionales de tu campo, puedes convertirte en un agente de cambio. La motivación y dedicación para seguir aprendiendo son, y seguirán siendo, las claves de tu éxito.

En conclusión, mantenerse actualizado en tu campo es un requisito indispensable. En el mundo actual, donde la tecnología cambia de manera drástica cada día, es esencial tener una mentalidad abierta hacia nuevas formas de ejercer tu profesión. No te limites a las fronteras tradicionales de tu carrera, explora y aplica opciones que quizás no estaban en tu plan de formación original, pero que pueden ser cruciales para destacar como un profesional exitoso.

No te quedes atrapado en el pasado; abraza el futuro con confianza y determinación. Mantén viva la pasión por el aprendizaje continuo y la adaptación a las nuevas realidades de tu profesión. Solo de esta manera podrás sobresalir y lograr un éxito duradero en tu carrera.

PARTE II: RELACIONES INTERPERSONALES

Capítulo 3: Conectando con la comunicación

Comunicación efectiva

La comunicación, ya sea verbal o escrita, es una de las herramientas más poderosas que poseemos. Sin embargo, para que sea realmente efectiva, debemos aprender a dominarla tanto en lo personal como en lo profesional. En muchas ocasiones, pese a nuestros mejores esfuerzos por transmitir una idea, el mensaje no es comprendido como esperábamos. Ya sea que estés escribiendo un correo o teniendo una conversación cara a cara, es esencial asegurarse de que tus ideas sean captadas y comprendidas de manera correcta.

En una empresa comercial, un gerente de ventas se reúne con su equipo para definir los objetivos trimestrales. Durante la reunión, utiliza presentaciones claras y gráficos para explicar los objetivos, desglosa los indicadores clave de rendimiento y establece plazos realistas. Además, fomenta un diálogo abierto, alentando a los miembros del equipo a hacer preguntas y compartir sus ideas. Esta comunicación efectiva asegura que todos comprendan con claridad lo que se espera de ellos, lo que, a su vez, mejora la motivación y la productividad del equipo.

En un hospital, un paciente es sometido a una cirugía importante. Tras la operación, el cirujano realiza una breve visita al paciente, pero proporciona una descripción vaga del procedimiento, sin dar detalles importantes ni responder a las preguntas del paciente o de su familia. Esta falta de información clara genera frustración y ansiedad en un momento que ya es estresante de por sí. La ausencia de una comunicación efectiva provoca confusión innecesaria, lo que agrava la situación emocional de los involucrados.

En una reunión corporativa importante, un alto directivo presenta una estrategia empresarial compleja utilizando jerga técnica y gráficos confusos. Los empleados presentes luchan por comprender la información, y aunque hacen algunas preguntas, el directivo no ofrece aclaraciones suficientes. Algunos empleados prefieren no seguir consultando para no parecer incapaces o inseguros. Como resultado, salen de la reunión sin una comprensión clara de la estrategia, lo que les genera frustración y desmotivación. Esta falta de comunicación efectiva socava la cohesión y la alineación del equipo con los objetivos de la empresa.

En cada uno de los ejemplos anteriores, la diferencia entre una comunicación efectiva y una deficiente es evidente. La capacidad de transmitir ideas de manera clara y comprensible es un factor crucial tanto para el éxito como para el bienestar de las personas. Cuando la comunicación es efectiva, como en la reunión de ventas con objetivos claros, se fomenta la colaboración y se incrementa la motivación. Por el contrario, cuando la comunicación falla, como en el caso de la cirugía mal explicada o la estrategia empresarial confusa, las consecuencias suelen ser frustración, confusión e incluso desmotivación.

Estos ejemplos destacan la importancia de desarrollar y perfeccionar la habilidad de la comunicación efectiva en todos los aspectos de nuestra vida. Al comunicarnos de manera clara, fortalecemos nuestras relaciones, evitamos malentendidos y contribuimos al logro de objetivos comunes. Es una habilidad esencial que no solo mejora nuestra vida personal y profesional, sino que también tiene un impacto profundo en la calidad de nuestras interacciones y en la consecución de nuestras metas.

Una comunicación efectiva se basa en varios principios fundamentales. Los que me han dado mejores resultados a lo largo de mi carrera son los siguientes:

a. Claridad y simplificación: Evita el uso de lenguaje técnico o jerga innecesaria, y presenta la información de manera accesible para tu audiencia. Ten en cuenta el nivel de conocimiento que puedan tener sobre el tema que estás comunicando. Por ejemplo, no es lo mismo que un bufete de abogados discuta cambios legales con sus colegas, que cuando un abogado deba explicar esos mismos cambios a sus clientes. La forma y técnica de comunicación deben adaptarse a cada audiencia.

b. Escucha activa: Prestar atención completa a la otra persona es una muestra de interés genuino y facilita una comprensión más profunda de sus necesidades y preocupaciones. Es muy fácil distraerse o parecer desinteresado si no apartas la vista del ordenador o de otros dispositivos mientras alguien está hablando. Este tipo de comportamiento no solo demuestra una falta de respeto, sino que también da la impresión de egoísmo, lo que puede generar conflictos o malentendidos con la otra persona.

c. Empatía: La capacidad de conectar emocionalmente con las experiencias y sentimientos de otras personas es clave para una comprensión más profunda y para dar una respuesta más compasiva. La empatía es esencial para una comunicación efectiva. Es fundamental que te pongas en el lugar de tu audiencia o interlocutor, comprendiendo sus perspectivas, emociones y necesidades. Esto te permitirá ajustar tu mensaje de manera que resuene más profundamente con ellos.

d. Aclaraciones: Fomenta la retroalimentación con una mentalidad abierta y disposición para aclarar dudas. Asegúrate de que tu interlocutor o audiencia ha comprendido el mensaje, y siempre ofrece oportunidades para hacer preguntas o consultas. La retroalimentación es una herramienta valiosa para mejorar la claridad de la comunicación y fortalecer el entendimiento mutuo.

La comunicación efectiva es una habilidad esencial en todos los aspectos de la vida. Dominar una buena comunicación te permitirá crear un entorno favorable para avanzar dentro de la organización. No debemos subestimar ni dejar de perfeccionar esta destreza, ya que su dominio es fundamental para el crecimiento y el éxito profesional. Por ello, te invito a desarrollar y cultivar continuamente esta capacidad.

Construir relaciones sólidas en el lugar de trabajo

Hace unos años, me incorporé a una empresa familiar donde la mayoría del equipo ya tenía experiencia en el mismo departamento. Con el tiempo, noté que la persona que ocupaba la jefatura había sido, años atrás, un colega en el mismo nivel que el resto del equipo. Era una persona ordenada y ética, pero fue despedida por la alta gerencia tras un error involuntario: no gestionó adecuadamente un requerimiento fiscal que el ente regulador había notificado, lo que resultó en una multa importante para la empresa.

Al investigar más a fondo, descubrí que hubo un tipo de "sabotaje" por parte de uno de sus subalternos. Esta persona no solo evitó recordarle al jefe sobre el requerimiento, sino que también sugirió esperar más comunicaciones del ente fiscal antes de tomar acción, lo que agravó la situación. Eventualmente, este subalterno también fue despedido, ya que se demostró su implicación en el incidente, y lo peor fue que perdió todos los beneficios de retiro. Este es un claro ejemplo de cómo la falta de ética puede crear un ambiente de trabajo tóxico.

El ejemplo anterior destaca la importancia de construir relaciones sólidas en el lugar de trabajo. Cuando las personas se llevan bien, es más probable que se apoyen mutuamente y trabajen en conjunto para alcanzar objetivos comunes. En cambio, las relaciones conflictivas tienden a generar un ambiente de trabajo negativo que puede afectar tanto la productividad como el bienestar general.

Para construir relaciones sólidas en el lugar de trabajo, es importante que consideres los siguientes puntos:

* Sé respetuoso y amable con todos, sin importar su posición jerárquica.

* Escucha activamente a los demás y muestra que te importa lo que tienen que decir.

* Mantén la honestidad y la transparencia en todas tus interacciones.

* Sé un buen compañero de equipo y está siempre dispuesto a colaborar.

* Mantén una actitud positiva y optimista frente a los desafíos.

* Aprecia la experiencia y las lecciones que aprendes cada día en tu organización.

Puedes realizar una autoevaluación de los puntos mencionados para ver si los estás aplicando en tu día a día. Al seguir estos principios, contribuirás a un entorno laboral más positivo y productivo, donde todos tendrán la oportunidad de prosperar. Además, fortalecerás tu perfil dentro de la organización, construyendo relaciones sólidas con tus colegas.

Al comienzo de mi vida laboral, busqué una vacante en una empresa de servicios de tamaño mediano para un puesto relacionado con mi carrera. El encargado de contratación me informó que no había vacantes en mi área, pero que había una oportunidad en el área administrativa. Mi principal responsabilidad era realizar copias de expedientes, documentos y escritos para los diferentes departamentos. Aunque el trabajo era sencillo, me permitió aprender mucho sobre el funcionamiento de la empresa. Una de las cosas que disfrutaba hacer era leer los documentos que no eran confidenciales mientras los fotocopiaba, lo cual me ayudaba a entender mejor su contenido y aprender cómo se estructuraban.

En algunas ocasiones, al revisar los documentos, notaba errores ortográficos o gramaticales y se los señalaba a la persona que me había encargado el documento, siempre verificando si mi corrección era acertada. La mayoría de las veces lo era, y como resultado, los documentos se corregían y volvían a redactar. Con el tiempo, mi jefe directo empezó a valorar mi iniciativa y contribución a la organización, lo que llevó a que me recomendara al Departamento de Recursos Humanos cuando surgió una vacante para un puesto superior.

En menos de tres meses, fui ascendido a un puesto administrativo con el doble de salario. Y en menos de dos años, me promovieron a subjefe del departamento en el que había comenzado, gracias a mi enfoque en superar mis responsabilidades y ayudar a mis compañeros a identificar posibles errores para asegurar que sus informes o resultados fueran impecables.

Este ejemplo, basado en mi propia experiencia, demuestra cómo la construcción de relaciones sólidas mediante la proactividad en el trabajo puede abrir oportunidades de crecimiento profesional, al mismo tiempo que genera aprecio y respeto por parte de los demás. También fue clave ser respetuoso y empático. Al seguir estas recomendaciones, pude establecer relaciones fuertes con mis compañeros y ganarme el aprecio de los líderes de la empresa. Estas relaciones me ayudaron a demostrar mi valor y a avanzar en mi carrera.

Capítulo 4: Relación con superiores

Estrategias para ganar la confianza de superiores

Ganar la confianza de tus superiores, y también de otros líderes en la organización, es esencial para tu desarrollo profesional. Esta confianza abre puertas a nuevas oportunidades, como ascensos o promociones, mejora la comunicación y facilita el apoyo en situaciones difíciles. Además, te brinda mayor autonomía y reconocimiento. Construir esa confianza te ayudará a consolidar una sólida reputación profesional, fomentar un ambiente laboral positivo y expandir tu red de contactos e influencia. Todo esto es clave para desarrollar habilidades de liderazgo y lograr el éxito a largo plazo.

A continuación, te detallo las estrategias que puedes utilizar para lograr la confianza de tus superiores y tener una relación profesional eficiente:

a. Entender sus expectativas y prioridades: El primer paso para ganarte la confianza de tus superiores es comprender lo que valoran y lo que esperan. Dedica tiempo a conocer sus metas y desafíos, para que puedas alinear tus esfuerzos de manera que contribuyan directamente a sus objetivos.

Por ejemplo, María, una nueva integrante del departamento de ventas de una empresa de tecnología, se da cuenta de que su jefe, Carlos, está muy enfocado en mejorar la eficiencia del equipo para alcanzar las metas trimestrales. En varias reuniones, Carlos menciona la importancia de optimizar procesos y aumentar la productividad.

Para entender mejor las expectativas de Carlos, María solicita una reunión individual con él. Durante la conversación, escucha atentamente y le pregunta sobre los desafíos específicos del departamento y lo que él espera del equipo. Carlos le explica que uno de los mayores retos es gestionar el tiempo y los recursos en la preparación de propuestas para clientes potenciales, lo que a menudo retrasa el proceso de ventas.

Con esta información, María, quien tiene experiencia en herramientas de automatización y propone implementar un software que puede automatizar parte del proceso de creación de propuestas. Desarrolla un plan detallado que muestra cómo esta solución podría ahorrar tiempo y permitir que el equipo maneje más clientes potenciales. Cuando presenta la propuesta a Carlos, él queda impresionado por su iniciativa y la claridad de su plan.

La implementación de la herramienta propuesta por María genera una mejora significativa en la eficiencia del proceso de ventas. Ahora, el equipo puede generar propuestas personalizadas mucho más rápido, lo que les permite dedicar más tiempo al seguimiento y cierre de ventas. Carlos, satisfecho con los resultados, reconoce públicamente el esfuerzo y la iniciativa de María, destacando su habilidad para comprender y actuar en función de las prioridades de sus superiores.

Este ejemplo muestra cómo entender las expectativas y prioridades de un superior puede guiar a un empleado a tomar acciones que no solo benefician su desarrollo profesional, sino que también contribuyen significativamente a los objetivos del equipo y de la empresa.

b. Comunicación efectiva y regular: Es fundamental mantener a tus jefes informados sobre el progreso de tus proyectos de manera clara y concisa. La comunicación regular y efectiva puede marcar una gran diferencia. No esperes a las reuniones formales; utiliza correos electrónicos o reuniones breves para mantenerlos al tanto de tus avances y cualquier desafío que enfrentes.

En un consultorio médico, Ana, una administradora, está encargada de implementar un nuevo sistema de gestión de pacientes para mejorar la eficiencia y la calidad del servicio. Su jefa, la doctora López, está interesada en que la transición al nuevo sistema se realice sin problemas y que no afecte la atención a los pacientes.

Consciente de la importancia de mantener informada a la doctora López, Ana establece un plan de comunicación regular. Cada semana, envía un correo electrónico detallando el progreso del proyecto, los desafíos encontrados y las soluciones propuestas. Además, organiza reuniones quincenales para discutir en persona el avance de la implementación y recibir retroalimentación directa.

Ana se asegura de que sus comunicaciones sean claras y concisas. En sus correos, utiliza viñetas para resaltar los puntos clave y gráficos para mostrar el progreso. En las reuniones, llega preparada con una agenda clara, enfocándose en los puntos de mayor interés para la Dra. López, como el impacto en el flujo de pacientes y la capacitación del personal.

Basándose en la retroalimentación de la Dra. López, Ana ajusta rápidamente el enfoque del proyecto. Por ejemplo, cuando la Dra. López expresa preocupación por la adaptación del personal al nuevo sistema, Ana organiza sesiones de capacitación adicionales y establece un sistema de soporte para resolver las dudas del equipo.

Gracias a la comunicación regular y efectiva de Ana, la Dra. López siempre está al tanto del progreso del proyecto y puede tomar decisiones informadas. Esto facilita una transición exitosa al nuevo sistema con mínimas interrupciones en la atención a los pacientes. La Dra. López elogia a Ana por su excelente manejo del proyecto y su capacidad para mantener una comunicación fluida.

Este ejemplo demuestra lo esencial que es una comunicación efectiva y regular. Mantener a tus superiores informados a través de actualizaciones claras y reuniones bien enfocadas no solo facilita la toma de decisiones, sino que también contribuye al éxito del proyecto y fortalece tu reputación, abriendo nuevas oportunidades en el futuro.

c. Tomar iniciativas: No te limites a tus tareas diarias. Busca oportunidades para asumir responsabilidades adicionales o para proponer soluciones a problemas existentes. Esto demuestra tu compromiso y tu capacidad para aportar más allá de tu rol, siempre asegurándote de que las tareas estén dentro de tu alcance para evitar posibles sobrecargas o errores. Proponer soluciones de manera concisa a los problemas que enfrente tu superior o la organización, incluso cuando no se te haya asignado la responsabilidad directamente, es una excelente forma de ganar prestigio ante tus jefes.

Jorge trabaja en el departamento de Recursos Humanos de una gran empresa de manufactura. Aunque su principal responsabilidad es gestionar las nóminas, se da cuenta de que el proceso de reclutamiento y selección de personal es ineficiente y provoca retrasos en la contratación de empleados esenciales.

Jorge decide tomar la iniciativa para solucionar este problema. Realiza una investigación exhaustiva sobre las mejores prácticas de reclutamiento y los softwares de seguimiento de candidatos. Después, prepara una propuesta detallada que incluye un análisis de costos y beneficios, y sugiere una demostración de varios sistemas que podrían optimizar el proceso.

Jorge programa una reunión con su jefe, el director de Recursos Humanos, para presentar su propuesta. En la reunión, se enfoca en explicar cómo la implementación de su idea podría reducir significativamente los tiempos de contratación y mejorar la calidad de los candidatos, lo que beneficiaría a toda la empresa.

Consciente de sus limitaciones, Jorge aclara que su intención es presentar la idea y sugerir que se forme un equipo especializado para su implementación y seguimiento. Recomienda que el personal con experiencia en reclutamiento lidere el proyecto, pero se ofrece a ayudar con la transición y la capacitación debido a su familiaridad con la propuesta.

El director de Recursos Humanos queda impresionado por la iniciativa de Jorge y la calidad de su investigación. Valora su proactividad y la habilidad para presentar una solución bien fundamentada sin haber sido asignado directamente a esa tarea. Se decide formar un equipo para evaluar y, eventualmente, implementar la propuesta, e incluyen a Jorge como miembro clave debido a su iniciativa y su conocimiento detallado del proyecto.

Este ejemplo ilustra cómo tomar la iniciativa, especialmente en áreas fuera de tus responsabilidades habituales, puede demostrar tu compromiso y capacidad para aportar valor a la empresa. Al proponer soluciones bien fundamentadas a los problemas, sin sobrepasar tus capacidades, puedes mejorar significativamente tu prestigio y visibilidad ante tus superiores, abriendo la puerta a futuras oportunidades de crecimiento profesional.

d. Priorizar la calidad en tu trabajo: No solo te enfoques en cumplir con los plazos de entrega, sino en garantizar una calidad exhaustiva que minimice la necesidad de correcciones. Este consejo va más allá de completar una tarea, y se trata de asegurar que cada detalle esté cuidadosamente considerado y ejecutado. Presta especial atención a los detalles, anticipa posibles problemas y asegúrate de que todas las partes del trabajo estén bien integradas. Adoptar este enfoque te distinguirá como un profesional comprometido con la excelencia, lo que consolidará tu reputación y confiabilidad en el entorno laboral.

Luis es analista financiero en una consultora de prestigio y recibe la tarea de desarrollar un informe financiero detallado para un cliente importante, que será presentado en una próxima reunión con inversores.

En lugar de limitarse a recopilar los datos financieros y presentarlos en un formato estándar, Luis decide priorizar la calidad del informe. Se asegura de entender a fondo no solo los números, sino también el contexto del negocio del cliente y las expectativas de los inversores.

Luis se sumerge en cada detalle del informe. Además de los análisis financieros habituales, incluye perspectivas sobre tendencias de mercado y proyecciones futuras. También anticipa preguntas que los inversores podrían hacer, como la sostenibilidad del crecimiento del cliente o la gestión de riesgos, y prepara secciones que abordan estas inquietudes de manera proactiva.

Antes de entregar el informe, Luis lo revisa minuciosamente para asegurarse de que no haya errores y de que toda la información esté presentada de manera lógica y coherente. Además, pide a un colega experimentado que lo revise para tener una perspectiva fresca y asegurarse de que todos los aspectos importantes han sido cubiertos.

El informe es recibido con elogios tanto por la dirección de la consultora como por el cliente. La calidad del trabajo de Luis es tan alta que no se requieren correcciones. El informe sirve como una base sólida para la reunión con los inversores, y el cliente queda especialmente impresionado por la anticipación de preguntas y la profundidad del análisis.

Este ejemplo demuestra cómo priorizar la calidad y prestar atención a los detalles puede llevar a resultados sobresalientes y reconocimiento profesional. Luis, al enfocarse en todos los aspectos del informe y anticipar las necesidades del cliente, no solo cumplió con su tarea, sino que también aportó un valor significativo. Esto mejoró su reputación y consolidó su posición como un analista financiero de alto calibre en la empresa, lo que lo convierte en un candidato ideal para una futura promoción si mantiene esta consistencia en su trabajo.

e. *Aprender de las retroalimentaciones o "feedback*[3]*"*: Este aprendizaje está relacionado con lo que exploraremos en el capítulo sobre inteligencia emocional. No deberías sentirte incómodo si alguien te brinda un consejo o te señala errores en tu desempeño laboral. Como dijo Leonardo Da Vinci: "Mientras estaba aprendiendo a cómo vivir, he estado aprendiendo cómo morir". Esto significa que nunca dejamos de aprender. La retroalimentación de los demás nos ayuda a ampliar nuestra perspectiva, a ser más conscientes de nuestras áreas de mejora y a dar mejores resultados al corregir nuestros errores.

Consideremos el caso de Roberto, un gerente de proyectos en una firma de diseño gráfico. Aunque Roberto es conocido por su habilidad técnica y creatividad, también tiene la reputación de no manejar bien las críticas. Durante la presentación de un proyecto importante, su equipo recibe comentarios constructivos de un cliente clave, quien sugiere algunos cambios en el diseño para alinearlo mejor con la visión del proyecto.

Roberto, confiado en su experiencia y convencido de que su enfoque original es el correcto, descarta de inmediato las sugerencias del cliente, argumentando que comprometerían la intención artística del proyecto. Insiste en que su visión debe prevalecer, minimizando la importancia de la retroalimentación tanto del cliente como de su propio equipo.

Esta actitud genera tensiones dentro del equipo, que se siente frustrado por no ser escuchado y preocupado por el impacto en la relación con el cliente. Además, el cliente interpreta la resistencia de Roberto a la retroalimentación como una falta de profesionalismo y flexibilidad, lo que pone en riesgo la relación a largo plazo con la firma.

La negativa de Roberto a aceptar la retroalimentación y adaptarse conduce a una entrega final que, aunque técnicamente impresionante, no cumple con las expectativas del cliente. Esto afecta tanto la satisfacción del cliente como la reputación de la firma. Además, el incidente impacta negativamente en la moral del equipo y en la percepción de Roberto como líder, quien en lugar de ganar respeto por su firmeza, es visto como inflexible y difícil de trabajar.

Este ejemplo ilustra cómo no aceptar una recomendación o no estar abierto a sugerencias puede tener consecuencias negativas, no solo en el resultado del proyecto, sino también en la dinámica del equipo, la relación con los clientes y tu carrera a largo plazo. Aceptar y aprender de la retroalimentación es esencial para el desarrollo personal y profesional, permitiendo adaptarse y crecer en un entorno laboral en constante evolución.

f. Gestión de personalidades conflictuadas: En el trabajo, interactuamos con personas que, debido a sus experiencias, han desarrollado caracteres diferentes al nuestro. Aunque a veces encontramos similitudes, nunca seremos iguales. En el entorno laboral, te encontrarás con una variedad de colegas y jefes, algunos con personalidades difíciles de manejar y otros con quienes podrías forjar amistades. Estas interacciones pueden ser desafiantes, y saber manejarlas adecuadamente es clave para mantener un ambiente laboral positivo y productivo. La empatía es fundamental en cada interacción, ya que te permitirá comprender el punto de vista del otro, expresar tus ideas claramente y gestionar tus reacciones en situaciones estresantes.

Cuando te enfrentas a jefes conflictivos, es importante evitar convertirte en un blanco de ataques que afecten el clima laboral y limiten tu crecimiento profesional. Si las estrategias que aplicas no son efectivas, considerar un cambio de trabajo podría ser la mejor opción para proteger tu bienestar emocional y darte la oportunidad de empezar de nuevo en un entorno más saludable.

<u>Tipos de jefes conflictivos y cómo manejarlos:</u>

> Jefes agresivos: Dominantes y a menudo irracionales, tienden a reaccionar de manera exagerada ante pequeños errores y critican en público. Mantén la calma y evita confrontaciones abiertas, especialmente en público. Sé asertivo, respalda tus puntos de vista con argumentos sólidos y busca momentos adecuados para discutir cualquier preocupación.

> Jefes pasivo-agresivos: Suelen evitar la comunicación directa, recurren al sarcasmo, retrasan decisiones importantes y no reconocen el esfuerzo de los demás. Fomenta la comunicación directa, establece expectativas claras y acuerda responsabilidades y plazos específicos para evitar malentendidos.

> Jefes narcisistas: Buscan atención constante, se atribuyen el trabajo de otros, minimizan las contribuciones ajenas y carecen de empatía. Protege tu autoestima y presenta tus ideas de forma que también respalden los objetivos de tu jefe, lo que puede ayudar a ganarte su favor y minimizar conflictos.

En general, mantén una actitud empática y estratégica, evitando que los conflictos se perciban como ataques personales. Comunica tus ideas de forma que beneficien tanto a tu área de responsabilidad como a la de tu jefe, reforzando su autoestima. Recuerda el consejo de Sun Tzu en "El Arte de la Guerra": "Mantén a tus amigos cerca y a tus enemigos aún más cerca".

Profesionalismo y ética como subordinado

Ser un buen subordinado no se limita a cumplir con las tareas asignadas; también implica adoptar prácticas de profesionalismo y ética que fortalezcan la relación con los superiores y promuevan un ambiente de trabajo positivo. A continuación, te presento algunas claves para ser un colaborador eficaz:

<u>Evita criticar a los demás</u>

Criticar a compañeros de trabajo o incluso a superiores no solo afecta la cohesión del equipo, sino que también puede perjudicar la percepción que los jefes tienen de ti. Hacer comentarios negativos genera un ambiente de desconfianza y negatividad, que puede dañar tanto al equipo como a la organización.

Ana trabaja en el departamento de marketing y tiene algunos desacuerdos con su compañero Juan, encargado de las redes sociales. En lugar de discutir directamente con Juan para resolver las diferencias, Ana se queja constantemente de él con otros colegas e incluso con su jefe. Este comportamiento no solo afecta la moral del equipo, sino que también hace que su jefe cuestione la profesionalidad de Ana, preguntándose si podría hablar mal de él en otras circunstancias, lo que genera desconfianza.

Criticar a los demás puede hacer que tus superiores pierdan confianza en ti. Si tu jefe percibe que estás más centrado en criticar a tus compañeros que en resolver problemas o aportar valor, puede cuestionar tu lealtad y compromiso con el equipo. Además, este comportamiento puede generar conflictos innecesarios y contribuir a un ambiente laboral tóxico.

En lugar de criticar, concéntrate en resolver problemas y en mantener una comunicación abierta y respetuosa. Si tienes un conflicto con un compañero, busca una solución directa y profesional. Cuando hables con tus superiores, enfócate en el trabajo y en cómo mejorar el rendimiento del equipo, evitando comentarios negativos sobre los demás.

Frase clave: *"Si hablas mal de los demás, también hablarás mal de mí."*

Evita quejarte constantemente

Quejarse continuamente sobre las tareas asignadas o el entorno laboral puede dar la impresión de que no estás comprometido con tu trabajo o de que no valoras tu posición en la empresa. Esta actitud puede ser interpretada por los superiores como una falta de motivación, o incluso como un indicio de que no deseas seguir trabajando en la organización.

Carlos, un analista financiero, se queja con frecuencia de la carga de trabajo y de las tareas que le asignan. Aunque cumple con sus responsabilidades, su constante queja genera preocupación en su jefe. Al escuchar las quejas de Carlos, el jefe empieza a preguntarse si realmente desea seguir en la empresa o si está esperando la primera oportunidad para irse.

Las quejas constantes pueden hacer que tu jefe asuma que no estás contento en tu trabajo y que quizás estás buscando una salida. Esto puede afectar tus oportunidades de crecimiento dentro de la empresa, ya que tus superiores podrían dudar en asignarte proyectos importantes o en recomendarte para una promoción.

En lugar de quejarte, busca formas constructivas de comunicar tus inquietudes. Si sientes que algunas tareas son abrumadoras o crees que podrías contribuir más en otras áreas, solicita una reunión con tu jefe para discutir cómo optimizar tu trabajo o asumir nuevas responsabilidades. Un enfoque positivo y proactivo mostrará que estás comprometido con tu rol y enfocado en soluciones, en lugar de en los problemas.

Frase clave: *"Si me paso quejando de mis actividades, daré la impresión de que no quiero trabajar aquí."*

<u>Propón soluciones en lugar de solo presentar problemas</u>

Uno de los aspectos más valorados por los superiores es la capacidad de un subordinado para no solo identificar problemas, sino también proponer soluciones viables. Presentar problemas a tu jefe sin haber considerado posibles soluciones puede hacer que parezcas alguien que evita asumir responsabilidades o que carece de la iniciativa necesaria para tu rol.

Laura, una coordinadora de proyectos, se da cuenta de que uno de los proveedores habituales está retrasando las entregas, lo que afecta el cronograma del proyecto. En lugar de simplemente informar a su jefe sobre el problema, Laura investiga alternativas y presenta un plan para cambiar de proveedor o renegociar los términos con el actual. Su jefe aprecia la proactividad de Laura y valora su capacidad para abordar el problema con soluciones prácticas, lo que refuerza su confianza en ella.

Si constantemente presentas problemas a tu jefe sin sugerir

soluciones, podrías ser percibido como alguien que no está comprometido con la organización o que no tiene las habilidades necesarias para enfrentar desafíos. Esto puede afectar negativamente tu reputación y limitar tus oportunidades de crecimiento.

Antes de presentar un problema a tu jefe, dedica tiempo a analizar la situación y pensar en posibles soluciones. Incluso si no tienes una solución perfecta, demostrar que has reflexionado sobre el problema y que estás buscando alternativas mostrará tu compromiso y capacidad profesional. Además, esto aliviará la carga de tu jefe y fortalecerá la relación de confianza.

Frase clave: *"Si solo llevas problemas y esperas que tu jefe los resuelva, no estás actuando de manera profesional o integral en tu posición."*

En resumen, adoptar prácticas de profesionalismo y ética como subordinado, tales como evitar hablar mal de los demás, evitar quejas constantes y proponer soluciones en lugar de solo presentar problemas, es esencial para mantener una relación positiva con los superiores y garantizar un ambiente laboral productivo y armonioso. Estas prácticas no solo reflejan tu integridad y compromiso, sino que también te posicionan como un miembro valioso y confiable dentro de la organización.

PARTE III: AVANZANDO EN LA ESCALERA CORPORATIVA

Capítulo 5: Pedir ascensos y promociones

No pidas ascensos o promociones

No pidas ascensos o promociones directamente. Aunque este consejo pueda parecer contradictorio, es más efectivo dejar que tu desempeño y preparación hablen por ti. En lugar de solicitar un ascenso de manera directa, utiliza una estrategia más sutil: haz que tu trabajo y tus logros te posicionen como el candidato ideal para nuevas oportunidades. Si sigues los principios y consejos de los capítulos anteriores, te destacarás de manera natural sin necesidad de pedirlo explícitamente.

La clave está en la consistencia y la excelencia en tu desempeño diario. Si cumples y superas las expectativas de tu rol actual, tus superiores notarán tu valor. Este enfoque indirecto también evita la impresión de que buscas un ascenso solo por ambición personal, demostrando que realmente estás preparado para asumir mayores responsabilidades.

Es fundamental mantener una actitud proactiva y mostrar disposición para asumir nuevos desafíos. Esto significa que, aunque no pidas un ascenso de manera directa, siempre estás listo para tomar la iniciativa en proyectos importantes y demostrar que puedes manejar responsabilidades adicionales. Con el tiempo, este comportamiento será reconocido, y cuando surja una oportunidad de promoción, serás considerado sin haberlo solicitado explícitamente.

En una empresa multinacional que operaba en varios países, se implementó una reestructuración significativa en los departamentos administrativos de un país. Estos departamentos estaban divididos en tres líneas de negocio, cada una con su propia estructura jerárquica y entidad jurídica, aunque todas pertenecían al mismo grupo empresarial. Cada línea de negocio contaba con unos 10 empleados, sumando un total de 30 en todo el país.

La reestructuración fusionó las tres líneas de negocio en una estructura centralizada. De los 30 empleados iniciales, solo 13 fueron retenidos: aquellos que demostraron un rendimiento excepcional y un fuerte compromiso con los objetivos de la empresa. A los demás se les notificó que sus contratos no serían renovados.

Entre los colaboradores retenidos estaba un supervisor que había sido un pilar en su línea de negocio. Este supervisor era conocido por su desempeño constante y de alta calidad. Además, se destacaba por su actitud proactiva, su capacidad para resolver problemas y su disposición a asumir nuevos desafíos. Su reputación lo precedía no solo entre sus colegas, sino también en los niveles superiores de la organización.

A pesar de los cambios drásticos, este supervisor nunca pidió un ascenso o promoción. En su lugar, dejó que su trabajo hablara por él. Cada proyecto que lideraba, cada problema que resolvía y cada idea innovadora que proponía reforzaban su imagen como un líder natural dentro de la empresa.

La alta gerencia, reconociendo su valor y el impacto positivo que había tenido en la organización, decidió que él era la persona adecuada para liderar la nueva estructura centralizada. Sin necesidad de solicitarlo, fue promovido a jefe del departamento administrativo, como reconocimiento a su dedicación y habilidades. Esta promoción no solo fue el resultado de su excelente desempeño, sino también de su capacidad para adaptarse y sobresalir en un entorno en constante cambio.

Este ejemplo demuestra que al seguir los principios de desempeño consistente y proactividad, puedes ser considerado para promociones y ascensos sin tener que solicitarlos directamente. La clave es demostrar continuamente que estás preparado para asumir mayores responsabilidades, dejando que tus acciones hablen por ti en lugar de hacerlo a través de solicitudes explícitas.

Identifica oportunidades

Saber identificar oportunidades dentro de tu organización es una habilidad esencial para avanzar en tu carrera. Imagina que un empleado ve una vacante en un área que le interesa. En lugar de postularse inmediatamente, decide primero consultar con su jefe. Este diálogo es importante, ya que demuestra respeto por la estructura jerárquica y el deseo de obtener una perspectiva antes de tomar acción.

En este caso, el empleado se reúne con su jefe para discutir su interés en la vacante. Explica que ha visto la oportunidad y le gustaría saber si su jefe lo considera un buen candidato. Este tipo de conversación no solo abre la puerta a recibir retroalimentación valiosa, sino que también demuestra al jefe que estás interesado en crecer dentro de la empresa y que valoras su opinión.

Al tomar esta iniciativa, el empleado obtiene una visión clara de sus fortalezas y áreas de mejora, lo que le permite prepararse mejor. Además, este tipo de comunicación fortalece la relación con el jefe y lo hace consciente de las aspiraciones del empleado, lo que puede resultar en apoyo para futuras oportunidades.

Da a conocer tus preparaciones

La preparación es fundamental para el éxito, y es importante que tus superiores sepan los esfuerzos que haces para mejorar tus habilidades.

En conversaciones casuales, puedes mencionar los cursos o certificaciones que estás completando. Por ejemplo, en una charla informal con tu jefe, podrías comentar sobre un curso reciente y cómo las habilidades adquiridas pueden beneficiar al equipo o a la empresa. Este tipo de interacción no solo muestra tu compromiso con el desarrollo profesional, sino también tu interés en contribuir al éxito del equipo.

Al compartir tus avances de forma natural, mantienes a tu jefe informado de tu progreso sin que parezca que estás buscando reconocimiento o un ascenso. Con el tiempo, a medida que tu jefe vea cómo aplicas tus nuevas habilidades de manera efectiva, estarás en una mejor posición para ser considerado para una promoción, sin tener que pedirlo directamente.

Estos enfoques indirectos para avanzar en tu carrera son efectivos porque permiten que tus acciones y resultados hablen por ti. Al centrarte en tu desarrollo, identificar oportunidades y compartir tus logros de manera natural, te posicionas como un candidato ideal para ascensos y promociones, sin tener que pedirlos explícitamente. Esto no solo protege tu reputación, sino que también te permite desarrollarte de manera sostenida y sólida en tu profesión.

Capítulo 6: Convertirse en un líder
No desaproveches las oportunidades

No desaproveches las oportunidades. Si has seguido los temas anteriores y aún no estás gestionando un equipo o a una persona, estás muy cerca de hacerlo. Aceptar oportunidades y desafíos es clave para tu crecimiento profesional. En una organización, los momentos en que te ofrecen responsabilidades de liderazgo pueden ser decisivos para tu carrera. Rechazarlas, ya sea por miedo, incertidumbre o falta de preparación, puede afectar negativamente cómo te perciben tus superiores y, en consecuencia, influir en tu futuro dentro de la empresa.

Aceptar desafíos, incluso cuando te sientas inseguro, demuestra tu disposición para crecer y aprender. Para tus superiores, esta actitud es una señal de que estás listo para avanzar en la organización. Por otro lado, una respuesta negativa puede ser vista como falta de ambición o de confianza en tus propias habilidades.

Imagina que estás en el proceso de ser contratado por una organización y, durante las entrevistas, te preguntan si estarías dispuesto a liderar un proyecto importante para implementar un nuevo sistema. Aunque sientas que te falta experiencia en la gestión de proyectos, aceptas el desafío y solicitas capacitación en esa área para cumplir con las expectativas. Esta respuesta no solo muestra tu disposición para asumir responsabilidades, sino también tu honestidad y deseo de mejorar continuamente.

Para los líderes de la organización, tu disposición a asumir nuevos retos es una señal de tu potencial de crecimiento. Rechazar un desafío puede generar dudas sobre tu capacidad para enfrentar problemas mayores en el futuro, lo que puede limitar tus oportunidades de ascenso. Por eso, cada vez que te ofrezcan una oportunidad, respira hondo y acepta el reto. Si sientes que te falta conocimiento, sé honesto y solicita la formación necesaria. Esta actitud proactiva refuerza tu imagen como alguien dispuesto a aprender y garantizar el éxito en cada tarea.

Un amigo que trabajaba en una multinacional me contó su experiencia cuando le ofrecieron una gran oportunidad en su trabajo. Él era responsable de coordinar las actividades del almacén, asegurando que los inventarios estuvieran siempre actualizados para garantizar la disponibilidad de productos. Un día, sus superiores le propusieron un reto enorme: gestionar la logística de la cadena de suministro en todos los países de Sudamérica donde la empresa operaba. Sabía que esta era una oportunidad única para crecer profesionalmente, y cuando me pidió consejo, le sugerí que aceptara el desafío. Le dije que asumir un reto de esa magnitud no solo lo haría destacar, sino que también demostraría su deseo de crecer dentro de la empresa.

Un año después, nos volvimos a encontrar y me sorprendió saber que lo habían despedido. La razón oficial fue que no compartía los valores de la organización, pero lo que realmente me impactó fue lo que me confesó. No aceptó el reto de gestionar la logística regional porque priorizó su vida familiar. Me explicó que quería ver crecer a sus hijas, y que asumir esa responsabilidad habría implicado pasar semanas o incluso meses lejos de ellas. Me di cuenta de que, aunque el crecimiento profesional es importante, no siempre debe ser la prioridad. Este amigo me enseñó una valiosa lección sobre la importancia de mantener un equilibrio entre la vida personal y profesional. La familia, los amigos, e incluso la salud física y mental son factores clave que debemos considerar al tomar decisiones en nuestra carrera.

Esta experiencia me dejó una lección importante: el éxito no siempre se mide por la cantidad de responsabilidades que asumimos o los ascensos que logramos. A veces, el verdadero éxito está en tomar decisiones que nos permitan mantener un equilibrio saludable en nuestras vidas, priorizando lo que realmente importa.

Desarrollo de habilidades de liderazgo

El liderazgo no es un don con el que se nace, es una habilidad que se desarrolla y perfecciona con el tiempo. Existen varios autores que han escrito sobre las competencias que hacen a un líder efectivo. Entre ellos, Stephen Covey, con su libro "Los 7 hábitos de la gente altamente efectiva", nos enseña cómo ciertos hábitos clave pueden transformar tanto la vida personal como profesional. También está John C. Maxwell, quien en "Las 21 leyes irrefutables del liderazgo" describe principios universales que todo líder debe seguir para influir y guiar efectivamente. Y Daniel Goleman, en su obra sobre "Inteligencia emocional", explica cómo la gestión de las emociones, tanto propias como ajenas, es esencial para el liderazgo. Estas referencias son fundamentales, pero ahora quiero compartir lo que personalmente me ha funcionado a lo largo de mi carrera:

A. Comunicación clara: Un buen líder debe ser capaz de transmitir una idea de manera precisa y comprensible. No basta con hablar; hay que asegurarse de que el mensaje se reciba tal como se pretende. La clave está en utilizar las palabras adecuadas, un tono firme pero empático, y, sobre todo, en verificar la comprensión del mensaje. ¿Cómo lograrlo? Siempre pregunta si lo que has explicado ha sido entendido y, si es posible, pide a tu equipo que resuma lo que han captado. Esto te dará la oportunidad de corregir cualquier malentendido antes de que se convierta en un problema.

B. *Inteligencia emocional:* Aunque este concepto se detallará más en el capítulo 7, es esencial señalar que, sin inteligencia emocional, un líder puede perder rápidamente la conexión con su equipo. La capacidad de gestionar tus propias emociones y comprender las de los demás es crucial para el éxito en cualquier rol de liderazgo.

C. *Toma de decisiones bajo presión:* Las decisiones tomadas bajo presión suelen ser las más visibles y determinantes. Los líderes no pueden permitirse titubear cuando el tiempo es limitado. Sin embargo, esto no significa actuar sin pensar. Un buen líder es transparente cuando necesita más información para tomar una decisión, pero también sabe gestionar los tiempos para que las respuestas sean oportunas. Imagina que, en medio de una crisis de producción, debes decidir si detener la línea o continuar bajo riesgo. Un buen líder evaluaría rápidamente los riesgos, pediría datos adicionales si es necesario, y tomaría una decisión que mantenga la confianza del equipo en su liderazgo.

D. *Autocrítica:* Nadie es perfecto, y un líder debe ser su propio crítico más exigente. Al final de cada día, dedica unos minutos a reflexionar sobre tus decisiones, conversaciones y acciones. Pregúntate: ¿Hice lo mejor que pude en esa situación? ¿Podría haber manejado mejor ese conflicto? Este ejercicio te ayudará a mejorar constantemente. Muchos oradores profesionales revisan grabaciones de sus presentaciones para identificar áreas de mejora. Tú puedes aplicar el mismo principio a tu liderazgo: toma nota de las decisiones importantes que tomes y revisa cómo podrías perfeccionarlas.

E. *Mentores y modelos a seguir:* Una de las maneras más efectivas de aprender a liderar es observando a aquellos que ya lo hacen bien. No se trata solo de admirar a grandes figuras públicas, sino de identificar líderes cercanos en tu entorno, que puedas observar en el día a día. Muchas veces, una conversación casual con un líder más experimentado puede ofrecerte lecciones valiosas que los libros no enseñan. Si tienes la oportunidad de compartir una comida o una reunión informal con un líder senior, aprovecha la ocasión para hacer preguntas sobre cómo manejaron situaciones difíciles o qué consejos tienen para mejorar en el liderazgo.

Cómo liderar equipos de manera efectiva

Un líder efectivo sabe que no puede tratar a todos sus colaboradores de la misma manera en todo momento. La clave para liderar exitosamente un equipo está en la adaptabilidad y en la capacidad de entender que cada situación requiere un enfoque distinto. A veces, es fundamental ser comprensivo y empático, mientras que en otras ocasiones es necesario adoptar una postura firme y exigir un rendimiento adecuado. Encontrar este equilibrio puede ser la diferencia entre un equipo productivo y uno disfuncional.

Adaptar el liderazgo a las circunstancias: No todos los días en el trabajo son iguales, ni todas las situaciones requieren la misma respuesta. Un buen líder sabe cuándo ser flexible, reconociendo que los colaboradores también tienen necesidades humanas, como permisos por razones familiares o de estudio, y que otorgar ese espacio crea confianza y lealtad en el equipo. Sin embargo, también es importante saber cuándo establecer límites claros y tomar decisiones difíciles si la situación lo requiere. Por ejemplo, en una ocasión, uno de mis colaboradores registraba muchas horas extras, pero un compañero señaló que podría estar abusando de esta flexibilidad. Tras revisar el sistema de registros y las cámaras de seguridad, descubrimos que, aunque había fichado un documento a las 7 de la noche, luego salió para reunirse con amigos y regresó cerca de la 1 de la madrugada para registrar otro documento y así justificar las horas extras. La evidencia fue clara, y decidí no aprobar esas horas. El colaborador reclamó que necesitaba ese dinero para sus gastos familiares, pero enfrentamos la situación de manera profesional, basándonos en los hechos. A pesar de esta intervención, meses después fue necesario despedir al colaborador, ya que sus problemas personales y su falta de control afectaban su rendimiento.

Empatía y profesionalismo: Ser un líder efectivo no significa ser siempre complaciente. Es vital corregir a los miembros del equipo cuando sea necesario, pero hacerlo de manera respetuosa y profesional, sin comprometer la confianza. La empatía es clave para entender las dificultades que enfrenta cada persona, recordando que todos atravesamos etapas de crecimiento y problemas personales. Sin embargo, esto no implica ser indulgente con comportamientos que afecten la productividad o la ética del equipo.

Fomentar un ambiente de confianza: Un líder debe crear un entorno donde los colaboradores se sientan cómodos para hablar abiertamente, incluso sobre temas delicados como la búsqueda de nuevas oportunidades laborales. Un ambiente de confianza permite que los empleados expresen sus inquietudes sin temor a represalias. Este tipo de comunicación abierta facilita la toma de decisiones justas y equitativas, manteniendo la integridad del equipo.

Reconocer las fortalezas y debilidades del equipo: Un buen líder sabe identificar las aptitudes y actitudes de sus colaboradores. No todos tienen las mismas habilidades, y es importante asignar responsabilidades de acuerdo con las capacidades individuales, evitando que algunos se aprovechen de la empatía del líder. Esta capacidad de discernimiento ayuda a prevenir conflictos dentro del equipo y a mantener un ambiente laboral justo y equilibrado.

Liderar de manera efectiva implica ser adaptable, actuar con empatía y profesionalismo, fomentar un ambiente de confianza y tener un buen criterio para manejar situaciones que puedan afectar la dinámica del equipo. No se trata de ser complaciente en todo momento, sino de saber cuándo y cómo ejercer autoridad de manera justa y transparente.

PARTE IV: CONSEJO FINAL PARA EL ÉXITO PROFESIONAL

Capítulo 7: Desarrollo de la inteligencia emocional

Definición de inteligencia emocional

La inteligencia emocional, un concepto popularizado por el psicólogo Daniel Goleman, se refiere a la capacidad de reconocer, comprender y gestionar nuestras propias emociones, así como las de los demás. A diferencia del cociente intelectual (CI), que mide habilidades cognitivas, la inteligencia emocional se enfoca en cómo manejamos nuestras respuestas emocionales en situaciones cotidianas, especialmente en el ámbito laboral.

Desde un punto de vista evolutivo, nuestro cerebro se ha desarrollado en capas. En el centro se encuentra la amígdala, parte del sistema límbico, que regula nuestras respuestas emocionales más primitivas, como el miedo, la ira y la agresividad. Esta estructura cerebral fue crucial para la supervivencia de nuestros antepasados, ya que les permitía reaccionar de manera inmediata ante amenazas. Sin embargo, en el entorno laboral moderno, actuar impulsivamente puede ser contraproducente. Aquí es donde entra en juego la corteza prefrontal, que regula el pensamiento racional y la toma de decisiones. Esta región del cerebro nos permite evaluar las situaciones de manera consciente, planificar y regular nuestras emociones antes de actuar.

Numerosos estudios han demostrado que cuando la amígdala se activa de manera intensa, puede secuestrar las funciones de la corteza prefrontal, generando lo que se conoce como "secuestro emocional". Este fenómeno explica por qué a veces actuamos de forma impulsiva y nos arrepentimos después. En el entorno laboral, estas reacciones pueden dañar relaciones profesionales, reducir la productividad y afectar la toma de decisiones.

Un estudio realizado por TalentSmart descubrió que el 90% de los empleados con un rendimiento superior tienen una alta inteligencia emocional, lo que indica que la capacidad de gestionar las emociones propias y las de los demás es un indicador crucial del éxito profesional. Además, investigaciones de la Universidad de Yale han demostrado que equipos de trabajo donde se fomenta la inteligencia emocional muestran una mayor cohesión, menos conflictos y una mejor toma de decisiones colectivas.

Importancia de la autorregulación emocional

La autorregulación emocional es una habilidad esencial en cualquier entorno profesional, ya que permite a las personas controlar sus emociones, especialmente en situaciones de alta presión o conflicto. No se trata solo de manejar nuestras propias emociones, sino también de evitar caer en provocaciones de otros, quienes, intencionalmente o no, pueden intentar desestabilizarnos emocionalmente. Mantener la calma ante estos desafíos es una señal de madurez emocional y profesionalismo.

En muchos casos, los conflictos dentro de un equipo pueden escalar rápidamente si las emociones no se controlan de manera adecuada. Esto es especialmente crítico en equipos de liderazgo, donde las decisiones impulsivas o los enfrentamientos personales pueden tener consecuencias significativas para la organización. La autorregulación no implica suprimir emociones, sino gestionarlas de manera consciente, evitando reacciones impulsivas que podrían dañar tanto la relación con los colegas como la imagen profesional de la persona.

Durante una reunión del equipo ejecutivo de una gran compañía multinacional, dos gerentes de alto nivel discutían sobre un proyecto reciente que había fallado en alcanzar los objetivos propuestos. Uno de los gerentes, Juan, reclamó públicamente a Pedro, otro gerente de su mismo nivel, debido a un error que cometió uno de los jefes subalternos de Pedro. Juan criticó abiertamente la falta de control y supervisión de Pedro, lo que, según él, contribuyó al fracaso del proyecto. Aunque el comentario inicialmente fue profesional, rápidamente adoptó un tono acusatorio y personal.

Pedro, al sentirse atacado, comenzó a experimentar una reacción emocional intensa. Su amígdala, la parte del cerebro encargada de gestionar las respuestas emocionales, activó una respuesta de "lucha o huida". En lugar de procesar el reclamo de forma racional, Pedro comenzó a elevar el tono de voz, interrumpiendo a Juan, defendiendo a su equipo y tomándose las críticas como un ataque personal. A medida que el conflicto escalaba, Pedro perdió la calma, al punto de estar a un paso de levantarse físicamente y confrontar a Juan de manera agresiva.

En este caso, la provocación de Juan, aunque no fue intencionada para generar una reacción tan extrema, usó una táctica psicológica que exacerbó la situación: la crítica pública. Al señalar a Pedro delante de otros altos directivos, tocó su ego y lo hizo sentir vulnerable y avergonzado. Esto disparó una respuesta emocional negativa que Pedro no supo controlar. La falta de autorregulación de Pedro casi llevó la situación a una confrontación física, lo que hubiera tenido repercusiones graves tanto para él como para la reputación del equipo gerencial.

En el mejor escenario, Pedro, al escuchar la crítica de Juan, pudo haber mantenido la calma y respirado profundamente antes de responder. En lugar de interrumpir, lo dejó terminar de hablar, mostrando una actitud serena y profesional. Luego, en un tono pausado y respetuoso, agradeció el comentario de Juan y reconoció el área de mejora que señalaba, enfocándose en soluciones para evitar que el problema se repitiera en el futuro. En lugar de tomar la crítica como un ataque personal, Pedro sugirió reunirse después de la reunión para discutir con más detalle las posibles acciones correctivas. Su respuesta calmada y objetiva no solo desescaló la situación, sino que también demostró liderazgo, generando respeto entre sus colegas.

Cómo manejar el estrés y la presión laboral

El estrés laboral es una realidad que todos enfrentamos en algún momento de nuestras carreras, y saber cómo manejarlo es esencial para preservar nuestra salud mental y física. Recuerdo cuando fui responsable de liderar un proyecto para cambiar todo el sistema informático de una empresa millonaria. Aunque trataba de mantener la calma y mentalizarme, los problemas y los retrasos en el proyecto me afectaban profundamente. Comenzaba a experimentar movimientos involuntarios en los párpados, dolores en el cuello y dificultad para dormir. Este tipo de estrés, acumulado durante semanas, se manifestaba físicamente, indicándome que algo no estaba bien.

Una de las mejores decisiones que tomé para manejar esa presión fue tomarme unas vacaciones. Desconectarme completamente del trabajo durante unos días me permitió recargar energías y volver con una nueva perspectiva. También he recomendado a colegas que, cuando se vean abrumados, prioricen su bienestar por encima de cualquier proyecto. El trabajo puede continuar, pero nuestra salud y la calidad de vida no deben ponerse en riesgo. Un par de días de licencia o unas vacaciones pueden ser claves para retomar las responsabilidades con mayor claridad y energía.

Un estudio publicado en Harvard Business Review[4] demostró que los empleados que toman descansos regulares y utilizan sus vacaciones tienen niveles de productividad más altos y menos síntomas de agotamiento. Empresas como Google y Salesforce han implementado políticas de bienestar, que incluyen desde espacios de relajación hasta programas de manejo del estrés, con el objetivo de preservar la salud mental de sus empleados y reducir los efectos del burnout. Estas iniciativas reflejan un entendimiento cada vez mayor de que la productividad no es solo una cuestión de horas trabajadas, sino también de calidad de vida.

A lo largo de mi carrera, aprendí que cuando el estrés no se maneja adecuadamente, puede tener consecuencias graves. Tras casi 14 años trabajando en una compañía donde llegué a liderar la parte administrativa de 34 empresas nacionales, el estrés y la falta de tiempo para mi familia me llevaron a tomar una decisión difícil: renunciar. Pasaba mis días en reuniones interminables, respondiendo correos electrónicos hasta altas horas de la noche y recibiendo llamadas de mis superiores incluso los fines de semana. No solo no me compensaban económicamente por la creciente responsabilidad, sino que mi salud y bienestar estaban en juego. Decidí dar un paso de fe y buscar una nueva compañía que me ofreciera no solo mejores beneficios económicos, sino también una mayor calidad de vida. En menos de seis meses, logré cambiar a una empresa que me brindaba retos, pero también el equilibrio que necesitaba.

Es importante entender que nuestra carrera no debe comprometer nuestra salud ni nuestra vida personal. Si bien el trabajo puede ser una fuente de satisfacción y logro, debemos saber cuándo hacer una pausa y cuidar de nosotros mismos. Reconocer los signos de estrés y tomar medidas para aliviarlo, como el descanso adecuado, el ejercicio y la desconexión temporal, puede marcar una gran diferencia en nuestro bienestar a largo plazo.

La lección más valiosa que quiero compartir es que no vale la pena sacrificar tu salud o tu vida familiar por una carga laboral excesiva. A veces, la mejor decisión es dar un paso atrás, reevaluar tus prioridades y buscar un entorno donde puedas crecer profesionalmente sin comprometer tu calidad de vida. La clave para avanzar con éxito en la carrera es encontrar ese equilibrio entre el esfuerzo profesional y el bienestar personal.

Desarrollo de la resiliencia emocional

Desde que era muy joven, la idea de que me llamen la atención por un error siempre ha sido extremamente incómoda y nunca me gusto esa sensación. Para muchos de nosotros, enfrentarse a una corrección o crítica puede ser un golpe duro, y lo que suele ocurrir es que reaccionamos con una mezcla de frustración y vergüenza.

Yo lo he vivido muchas veces. Sin embargo, lo que en un principio parece un defecto, también puede ser una oportunidad para desarrollar una habilidad esencial: la resiliencia[5] emocional.

La resiliencia no es simplemente "aguantar" ante la adversidad, sino la capacidad de adaptarse, recuperarse y seguir adelante tras cometer errores. Personalmente, cuando cometo un error, suelo quedarme pensando en ello durante días, analizando cada detalle, lo que podría haber hecho mejor, y qué decisiones me llevaron a fallar. Esa autocrítica a veces se vuelve tan intensa que interfiere con mi rendimiento, afectando mi confianza. A lo largo del tiempo, me he dado cuenta de que esa energía que invierto en lamentar lo que no hice bien, podría usarse mejor en crecer y aprender de la experiencia.

Es importante recalcar que cometer errores es parte de la vida laboral, y no debería afectar tu autoestima de forma permanente. Lo complicado es romper el ciclo de pensamientos negativos y reemplazarlos con acciones que te impulsen hacia adelante. Yo mismo he tenido que aprender que no todo error merece días de reflexión; hay veces en que lo mejor que podemos hacer es aceptar que somos humanos y que no somos infalibles.

Cuando empezamos a ver los errores como oportunidades, el estrés emocional disminuye. Al principio puede parecer difícil, pero la clave está en practicar la resiliencia. Si lo miramos con perspectiva, cada fallo que enfrentamos tiene algo valioso que enseñarnos. Aprender a manejar la crítica y nuestros propios errores no es sencillo, pero al hacerlo, nos fortalecemos emocionalmente, y eso tiene un impacto enorme en nuestra carrera profesional.

Para cualquiera que lea esto, me gustaría decirles que el camino hacia la resiliencia no es algo que se logra de la noche a la mañana. Es un proceso continuo, un hábito que se desarrolla con el tiempo. No podemos controlar todas las situaciones en las que nos encontramos, pero sí podemos controlar cómo respondemos a ellas. Y en esa respuesta, es donde reside nuestra fortaleza emocional.

CONCLUSIÓN

A lo largo de este libro, hemos explorado cómo ascender en la escalera corporativa, basándonos en la experiencia que me ha sido efectiva. Desde la importancia de las primeras impresiones y la formación continua, hasta las relaciones interpersonales, la inteligencia emocional y el liderazgo, todas estas herramientas son esenciales para alcanzar el éxito profesional. Lo clave es aplicar estos conocimientos de manera coherente y estratégica.

El camino hacia el éxito no es sencillo, pero tampoco imposible. Existen múltiples formas de llegar, y algunas incluso mejores que las que te he detallado en este libro. Mi objetivo ha sido proporcionarte no solo las herramientas que me han funcionado, sino también la confianza de que cada paso que tomes será valioso. No importa en qué etapa de tu carrera te encuentres, cada día es una nueva oportunidad para crecer. Las dificultades son inevitables, pero tu capacidad para superarlas es lo que te hará destacar. Tienes el poder de forjar tu destino profesional, y este libro es solo el comienzo.

Un proverbio chino dice: "El mejor momento para plantar un árbol fue hace 20 años. El segundo mejor momento es ahora". Este mensaje no solo es válido para quienes están comenzando en el mundo laboral, sino para quienes ya llevan años en él. Nunca es tarde para actuar, aprender y evolucionar. Así que no importa si estás en el inicio, la mitad o el final de tu carrera, siempre hay espacio para reinventarte, disfrutar la vida y cuidar de ti mismo, tu familia y amigos.

El miedo al fracaso es uno de los mayores obstáculos en nuestras carreras. Dudar de uno mismo es normal, pero lo importante es no dejar que esas dudas te paralicen. Los errores son parte natural del proceso y ofrecen valiosas lecciones. Con resiliencia, aprenderás a ver el fracaso no como un impedimento, sino como un paso hacia el éxito. La clave está en seguir intentándolo, porque el verdadero fracaso reside en no intentarlo nunca.

---

[1] Disciplina científica que se ocupa de crear programas informáticos que ejecutan operaciones comparables a las que realiza la mente humana, como el aprendizaje o el razonamiento lógico. https://dle.rae.es/inteligencia

[2] Los coronavirus (CoV) son una gran familia de virus que causan enfermedades que van desde el resfriado común hasta enfermedades más graves. La epidemia de COVID-19 fue declarada por la OMS una emergencia de salud pública de preocupación internacional el 30 de enero de 2020. https://www.paho.org/es/enfermedad-por-coronavirus-covid-19

[3] Feedback: Término del inglés que se traduce al español como retroalimentación. Fuente: Real Academia Española, https://dle.rae.es/feedback?m=form.

[4] How to Take Better Breaks at Work, According to Research by Zhanna Lyubykh and Duygu Biricik Gulseren https://hbr.org/2023/05/how-to-take-better-breaks-at-work-according-to-research

[5] Capacidad de adaptación de un ser vivo frente a un agente perturbador o un estado o situación adversos. https://dle.rae.es/resiliencia

www.ingramcontent.com/pod-product-compliance
Lightning Source LLC
Chambersburg PA
CBHW070947220526
45471CB00007B/2922